miniLÜK Denkolympiade 1. Klasse

ISBN 978-3-8377-0333-7

Ich kann's!

Name

Klasse

Ich habe die Übungen erfolgreich bearbeitet:

Seite		Datum
2	Was ist nur einmal da?	
4	Welche Farbe hat die Form unten?	
6	Verschmolzene Zahlen	
8	Muster fortsetzen	
10	Wo ist das fehlende Teil?	
12	Was gehört in das freie Feld?	
14	Mal klein, mal groß	
16	Verborgene Buchstaben	
18	Die kleine Mandala-Werkstatt	
20	Welches Teil gehört in das Feld?	
22	Puzzleteile	
24	Welche Uhr zeigt die gleiche Zeit an?	
26	Farbentausch	
28	Suche das gleiche Bild!	
30	Setze richtig zusammen!	
32	Gedrehte Bilder	

W0251401

Was ist nur einmal da?

1.

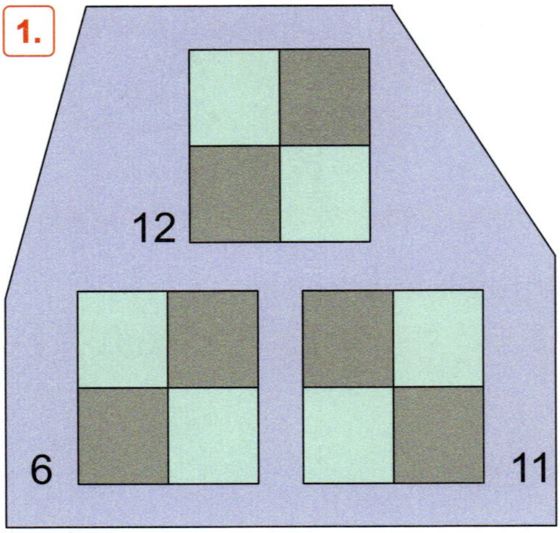

2.

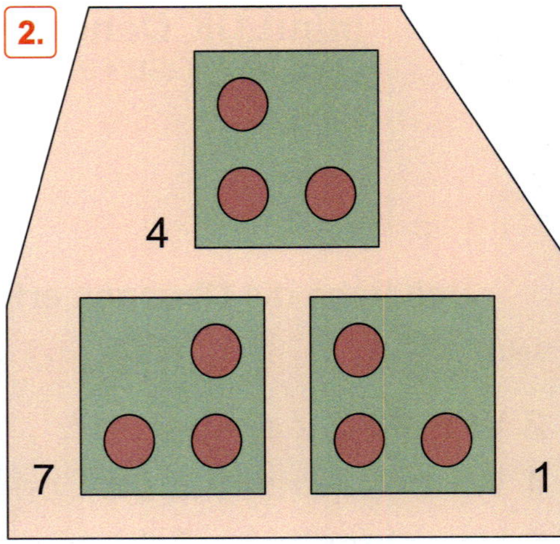

3.

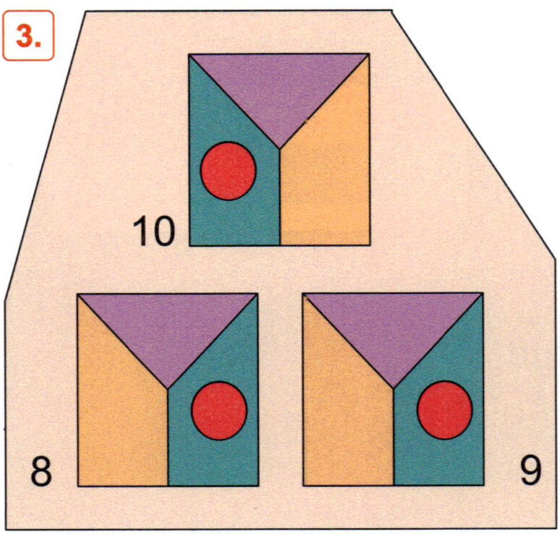

4.

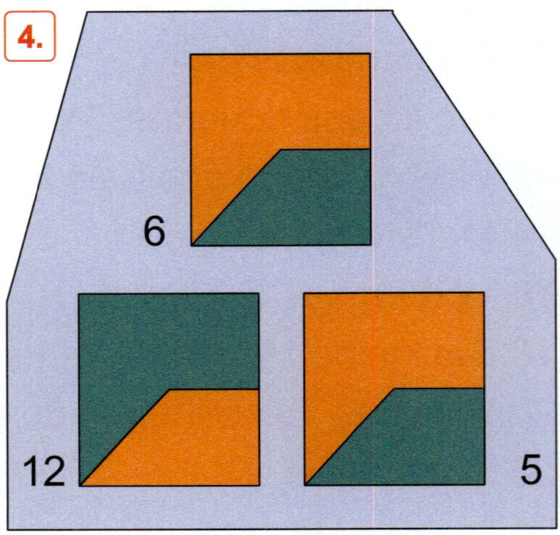

5.

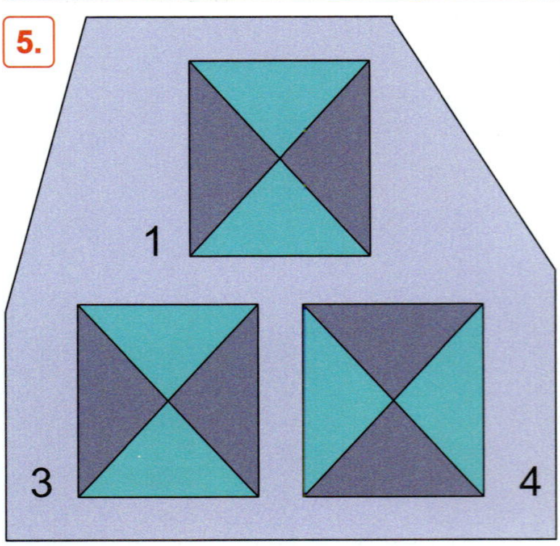

6.

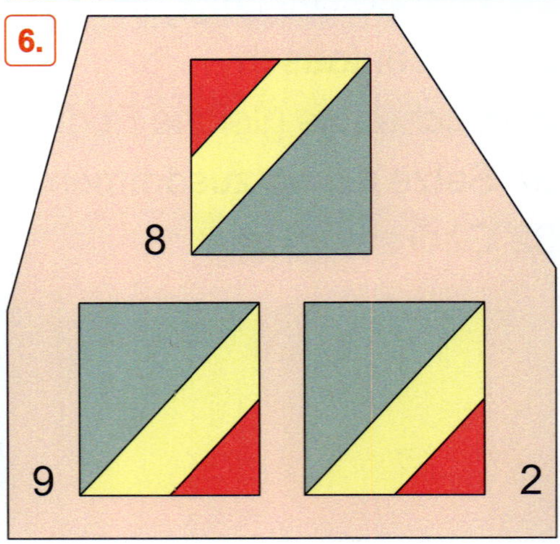

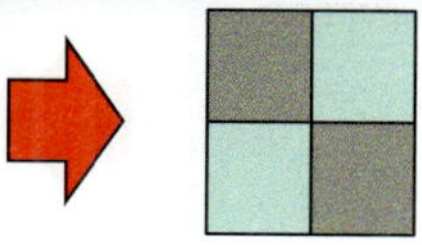

7.

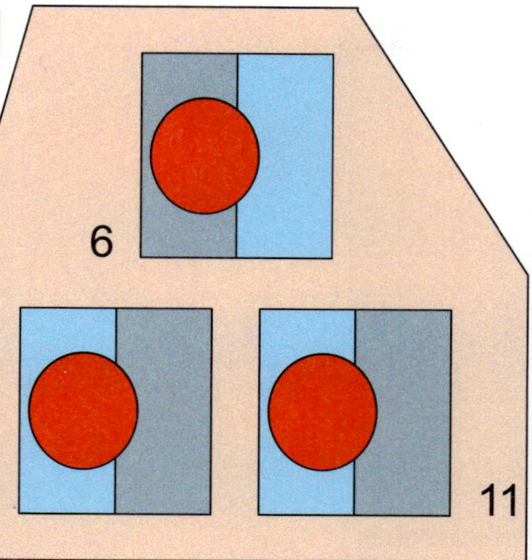

8.

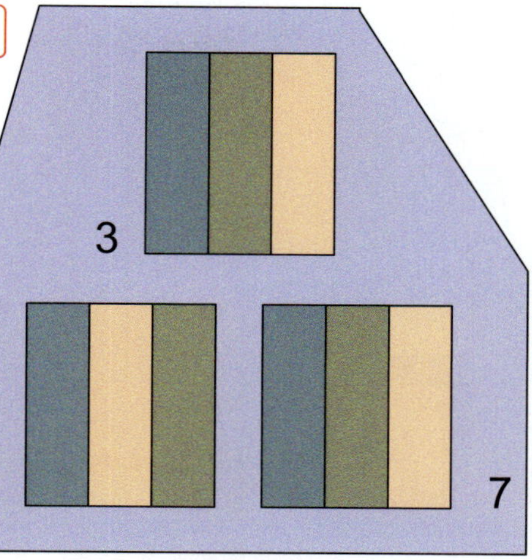

9.

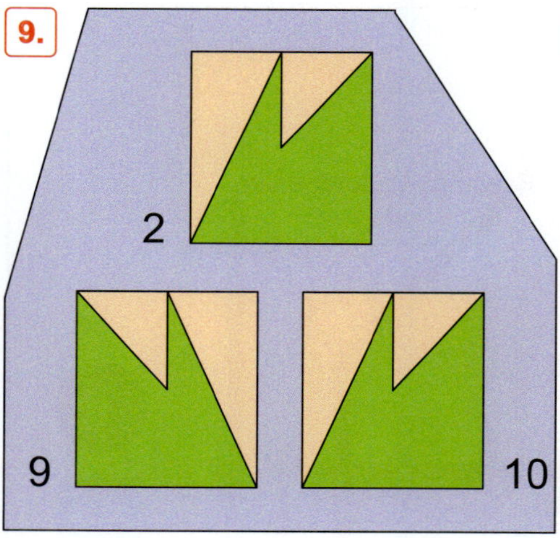

10.

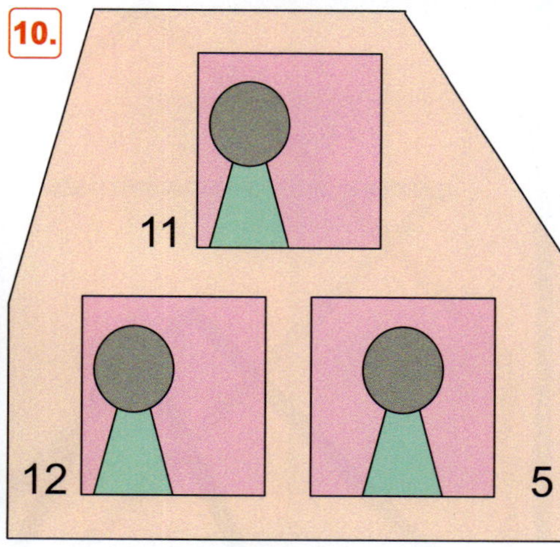

11.

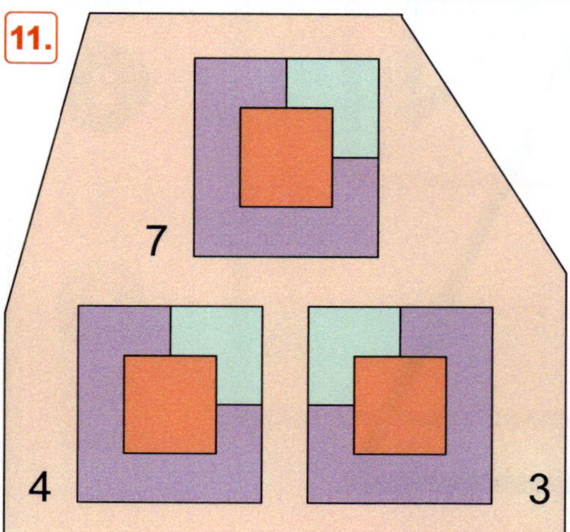

12.

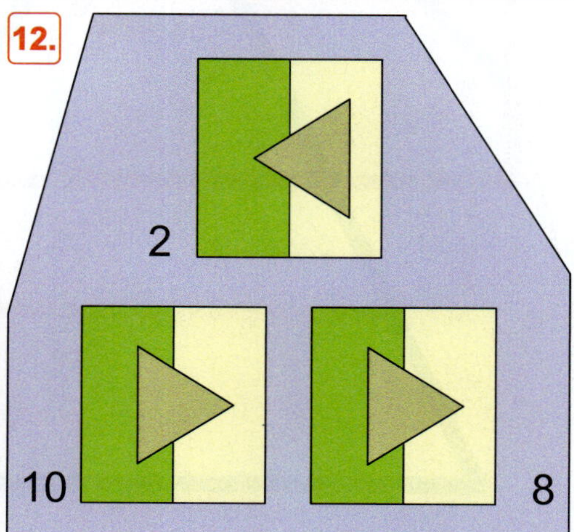

Welche Farbe hat die Form unten?

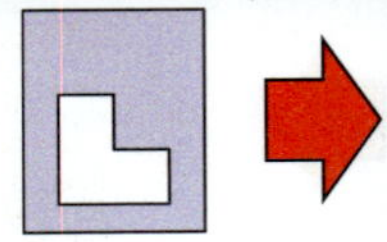

9

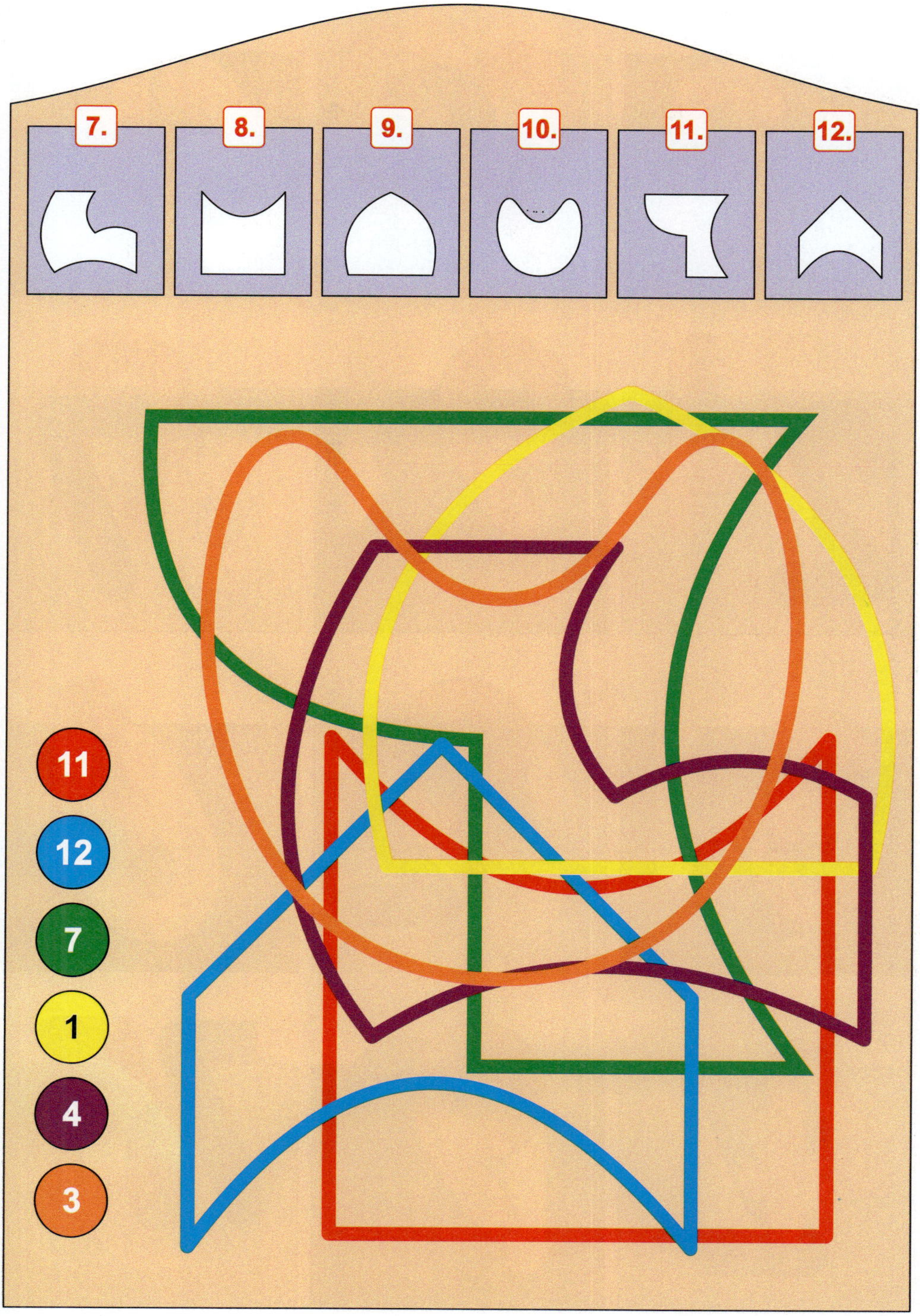

Verschmolzene Zahlen

1.

2.

3.

4.

5.

6.

7.

8.

9.

10.

11.

12.

12
4
10
9
3
2
5
8
6
1
11
7

Muster fortsetzen

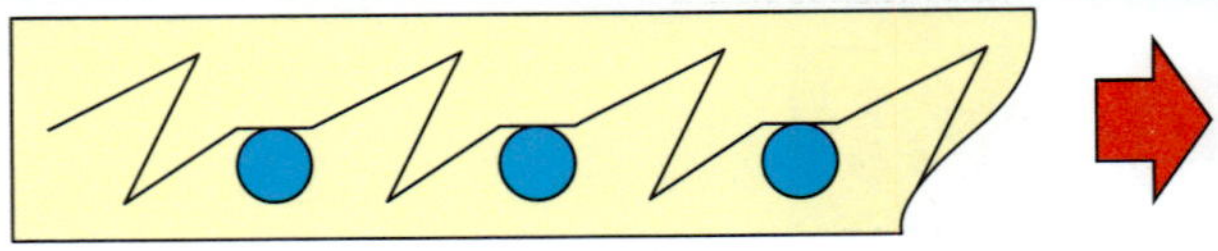

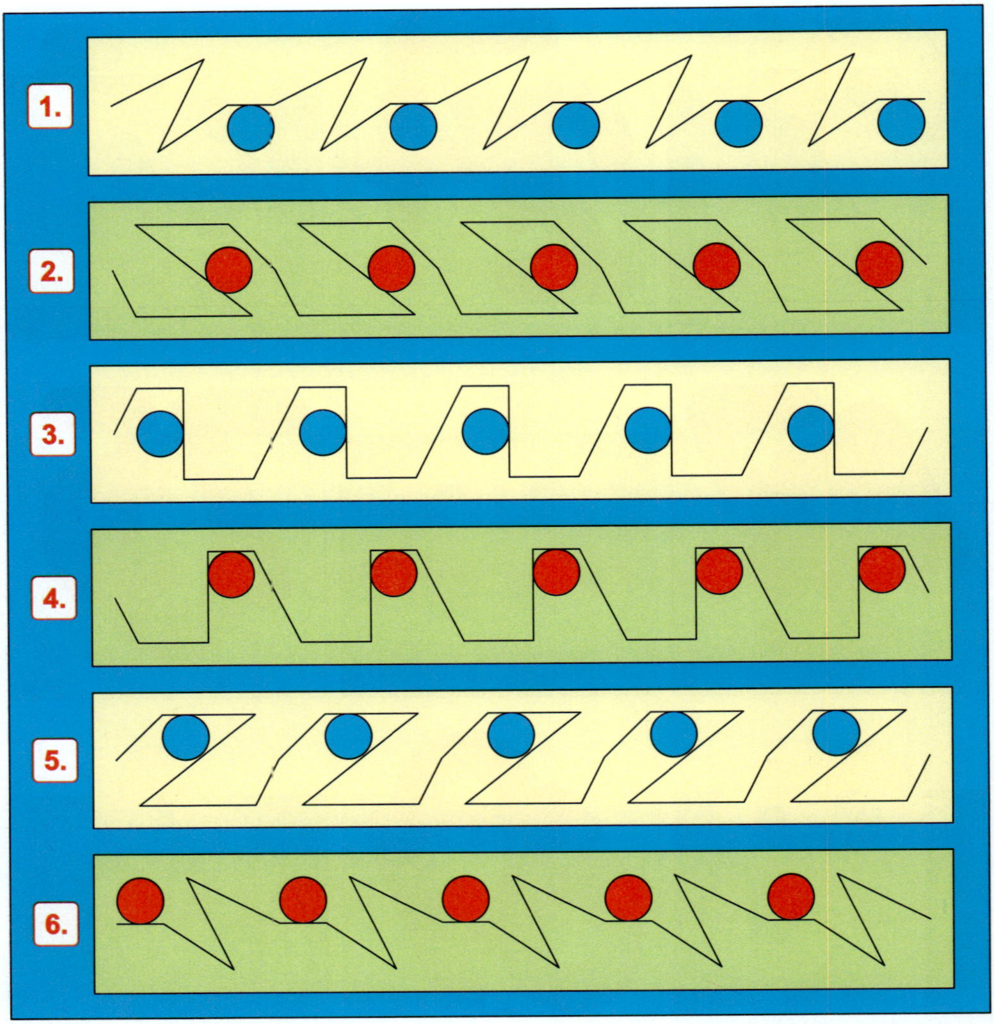

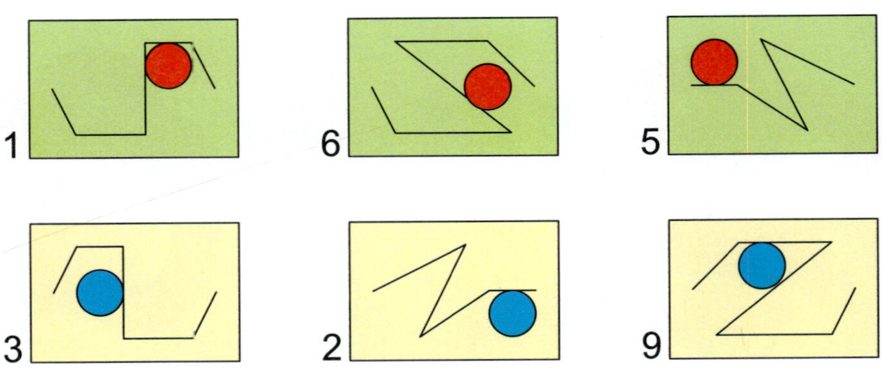

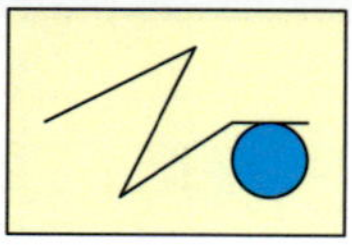

7.
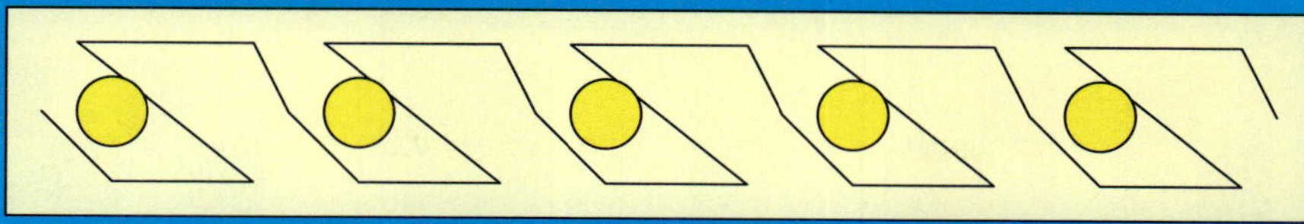

8.
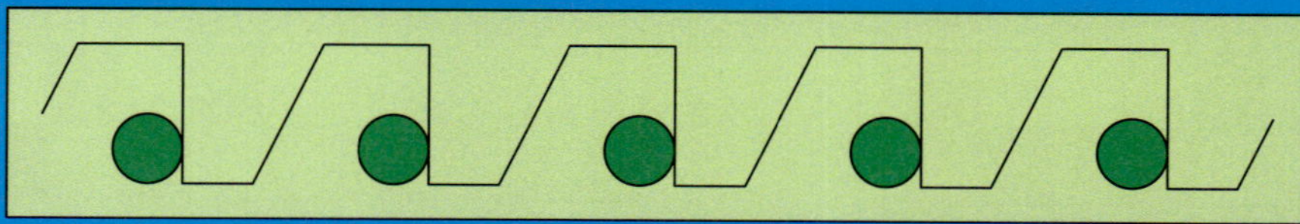

9.
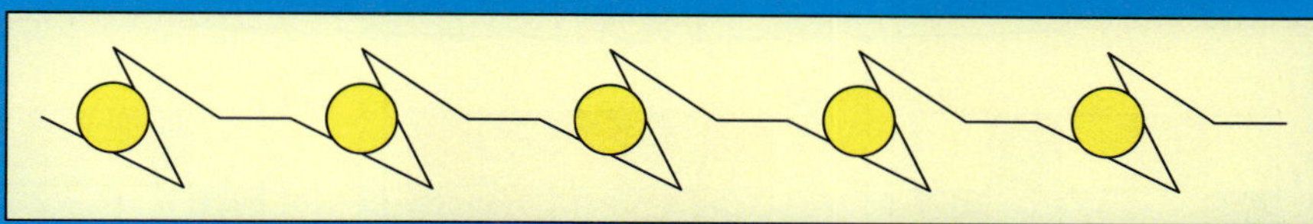

10.
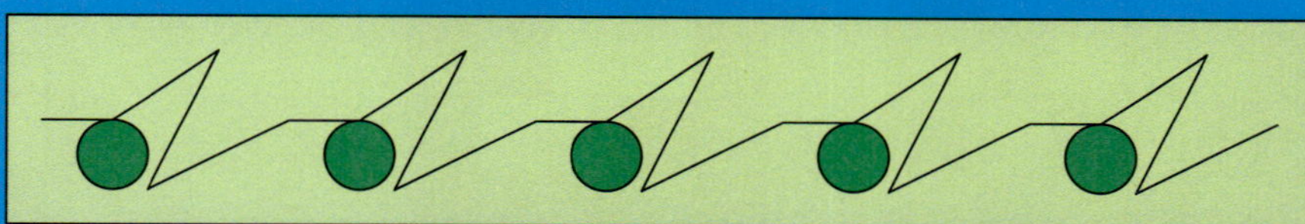

11.
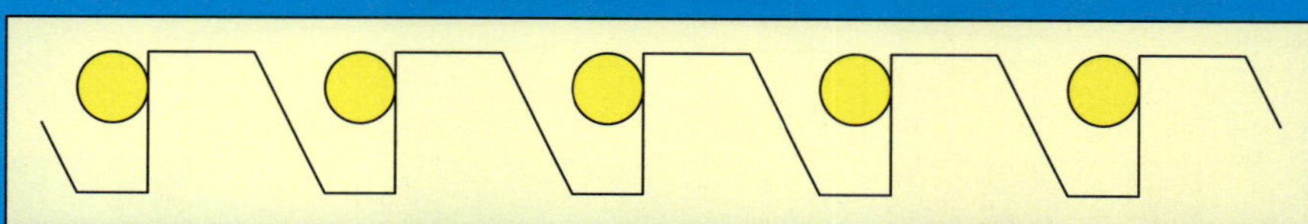

12.
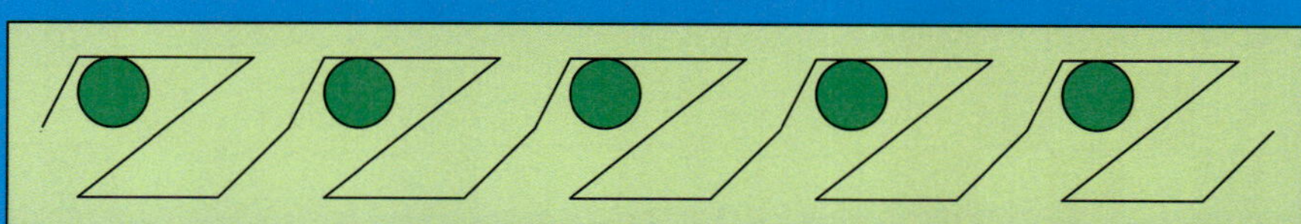

12
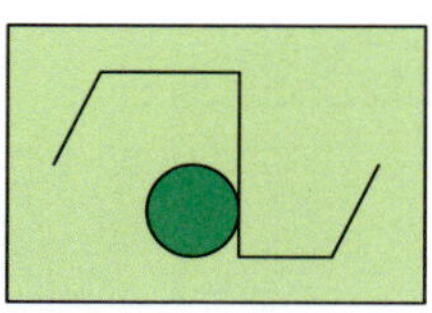

11
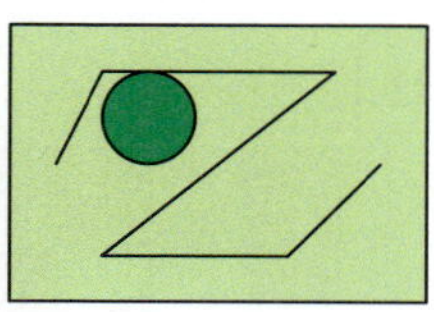

8
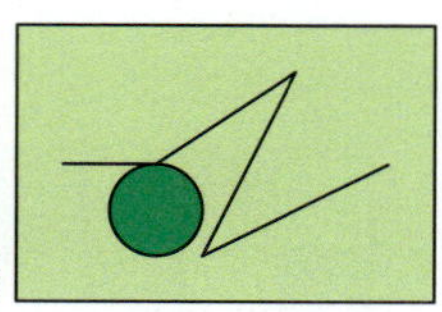

7
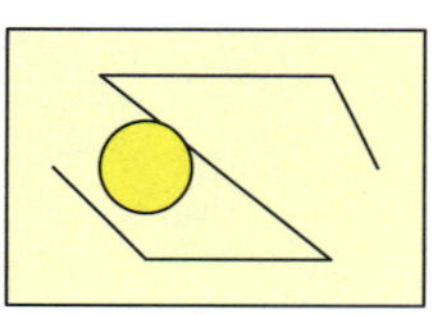

4
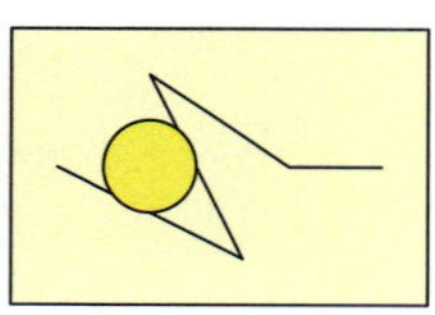

10
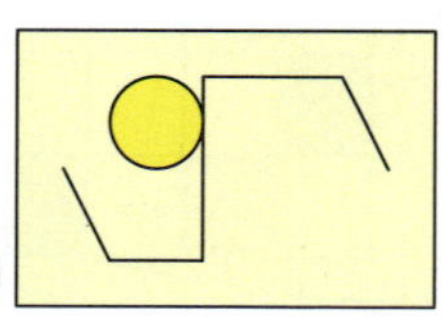

Wo ist das fehlende Teil?

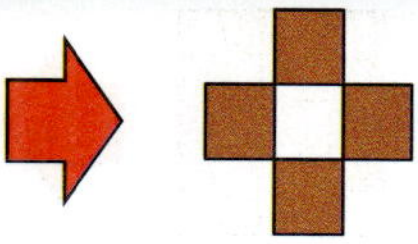

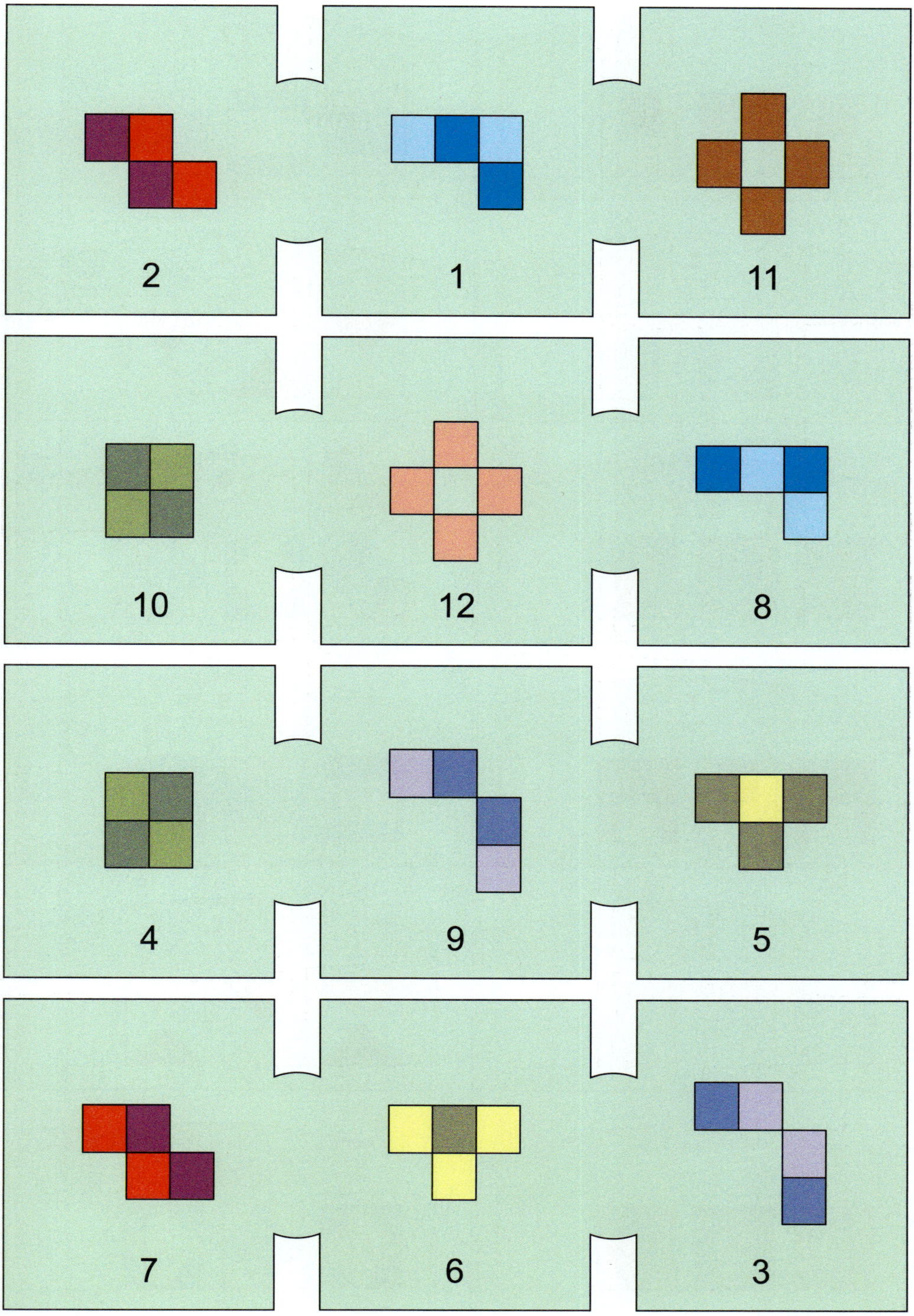
2
1
11
10
12
8
4
9
5
7
6
3

Was gehört in das freie Feld?

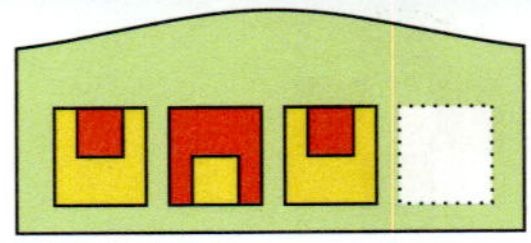

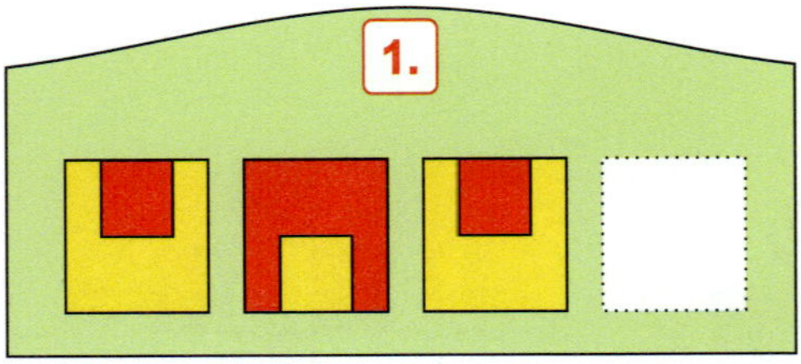

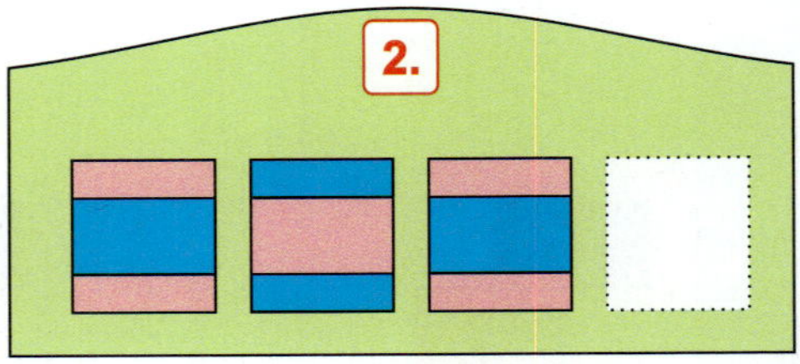

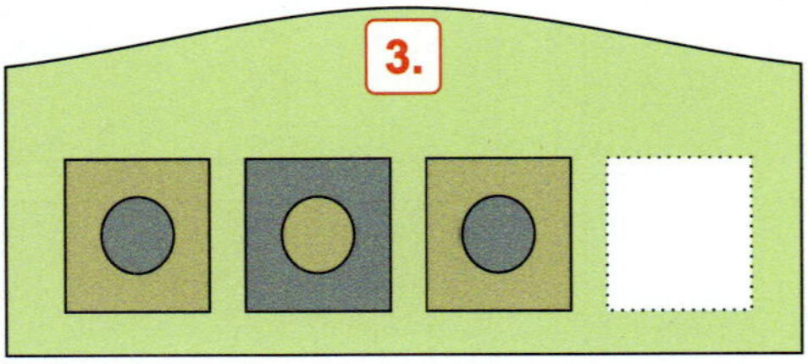

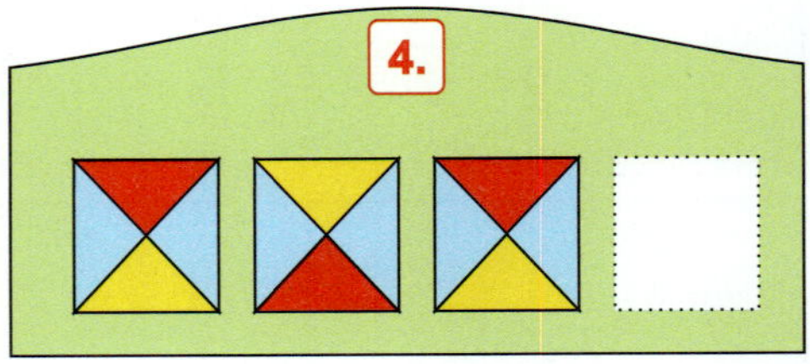

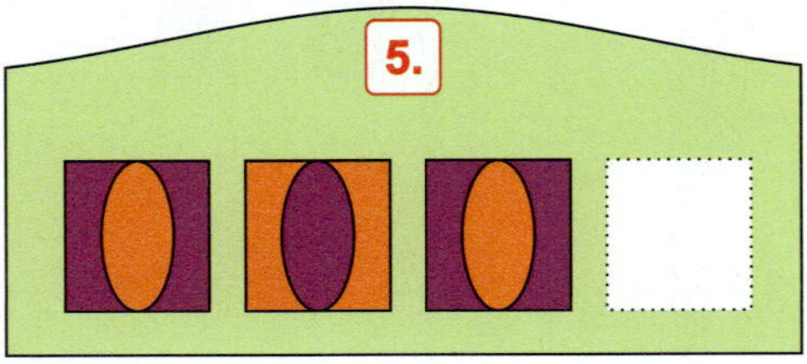

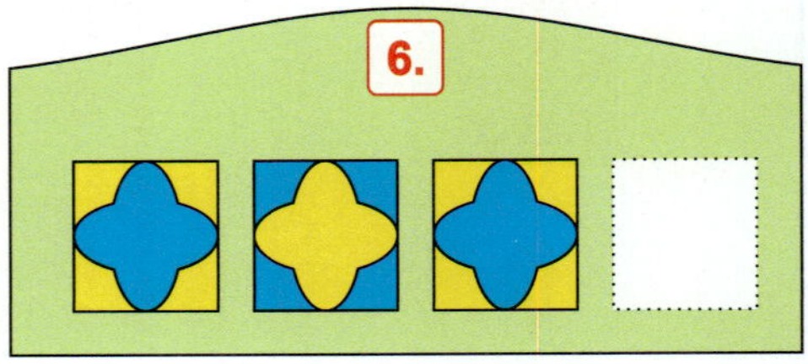

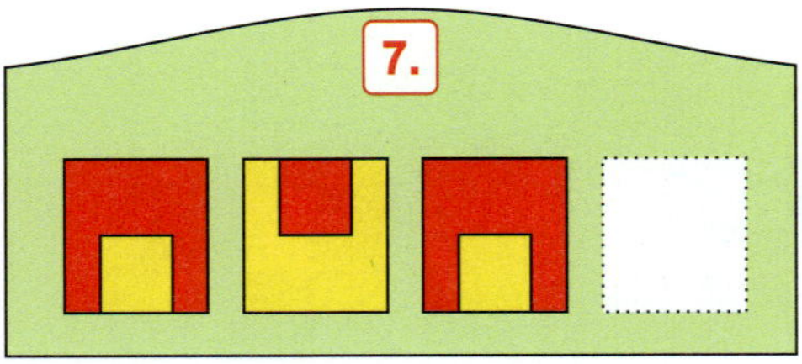

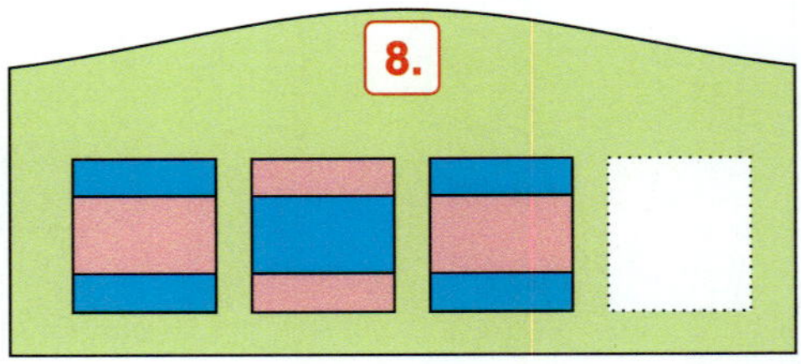

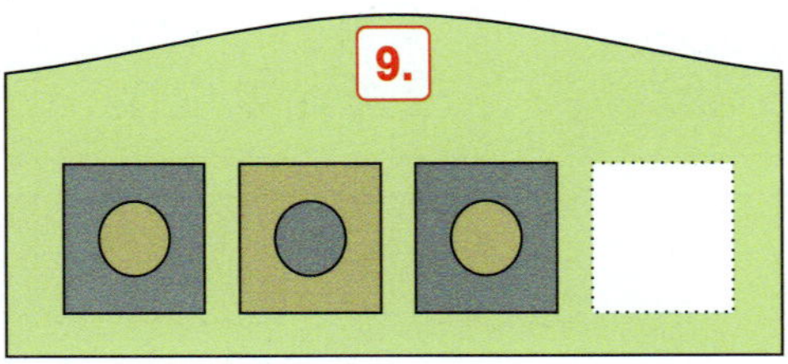

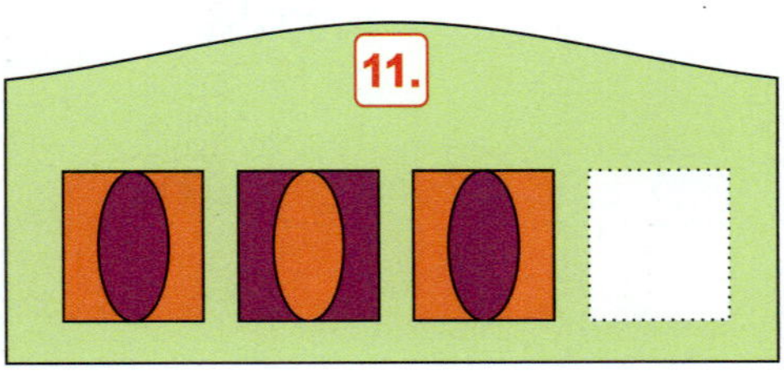

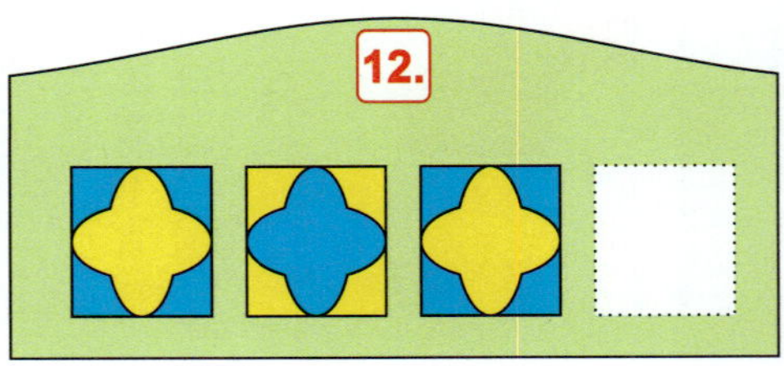

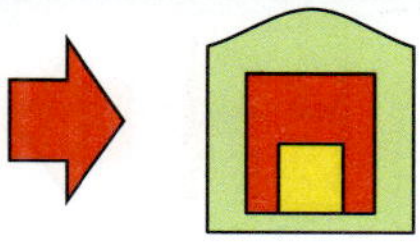

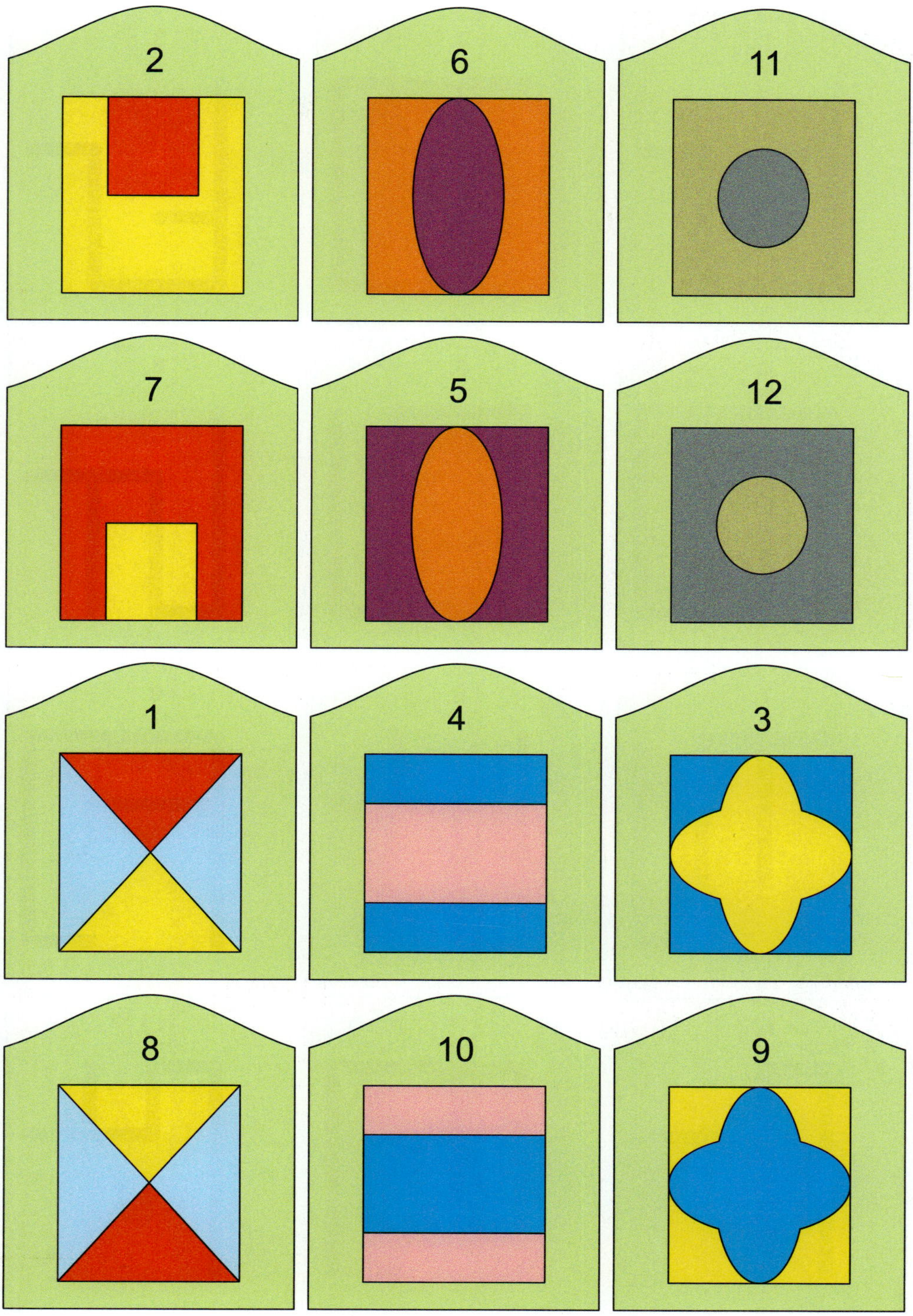
2
6
11
7
5
12
1
4
3
8
10
9

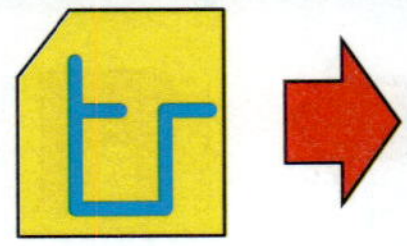

Mal klein, mal groß

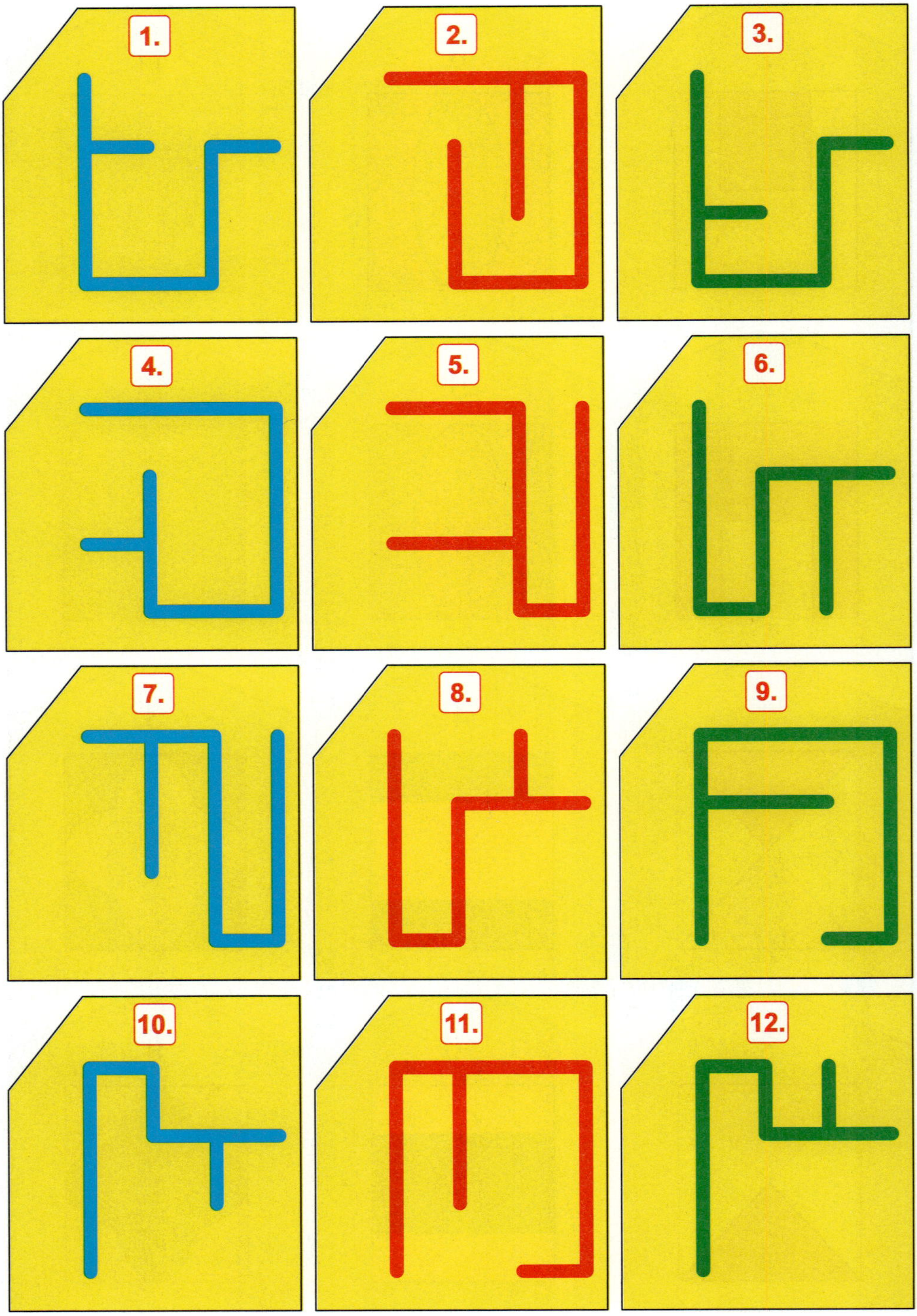

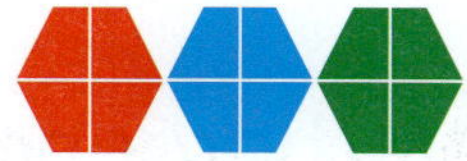

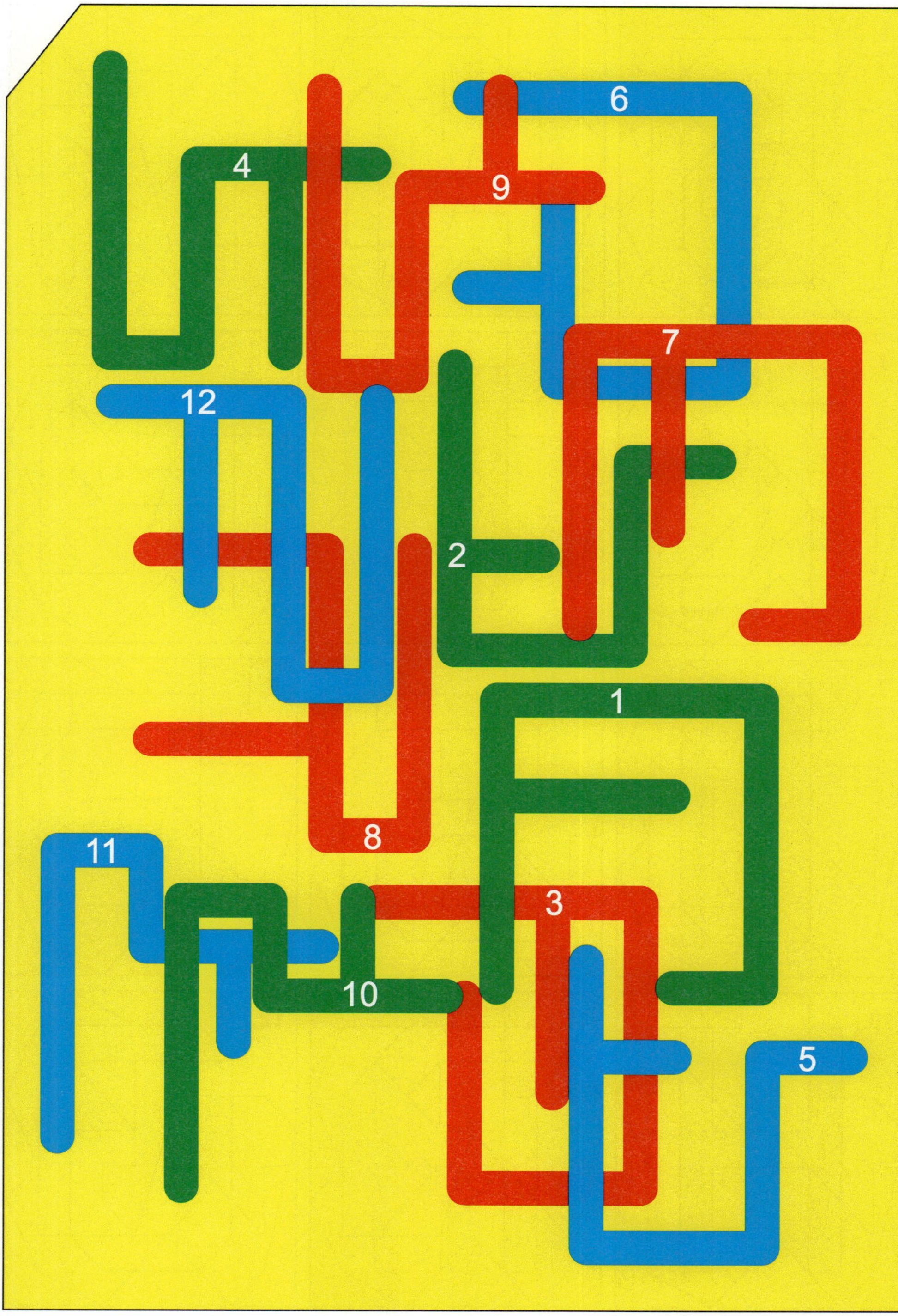
6
4
9
7
12
2
1
8
11
3
10
5

Verborgene Buchstaben

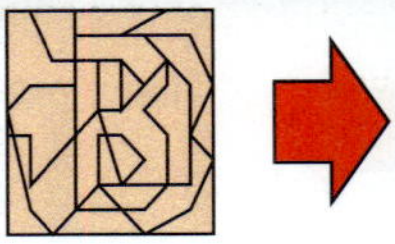

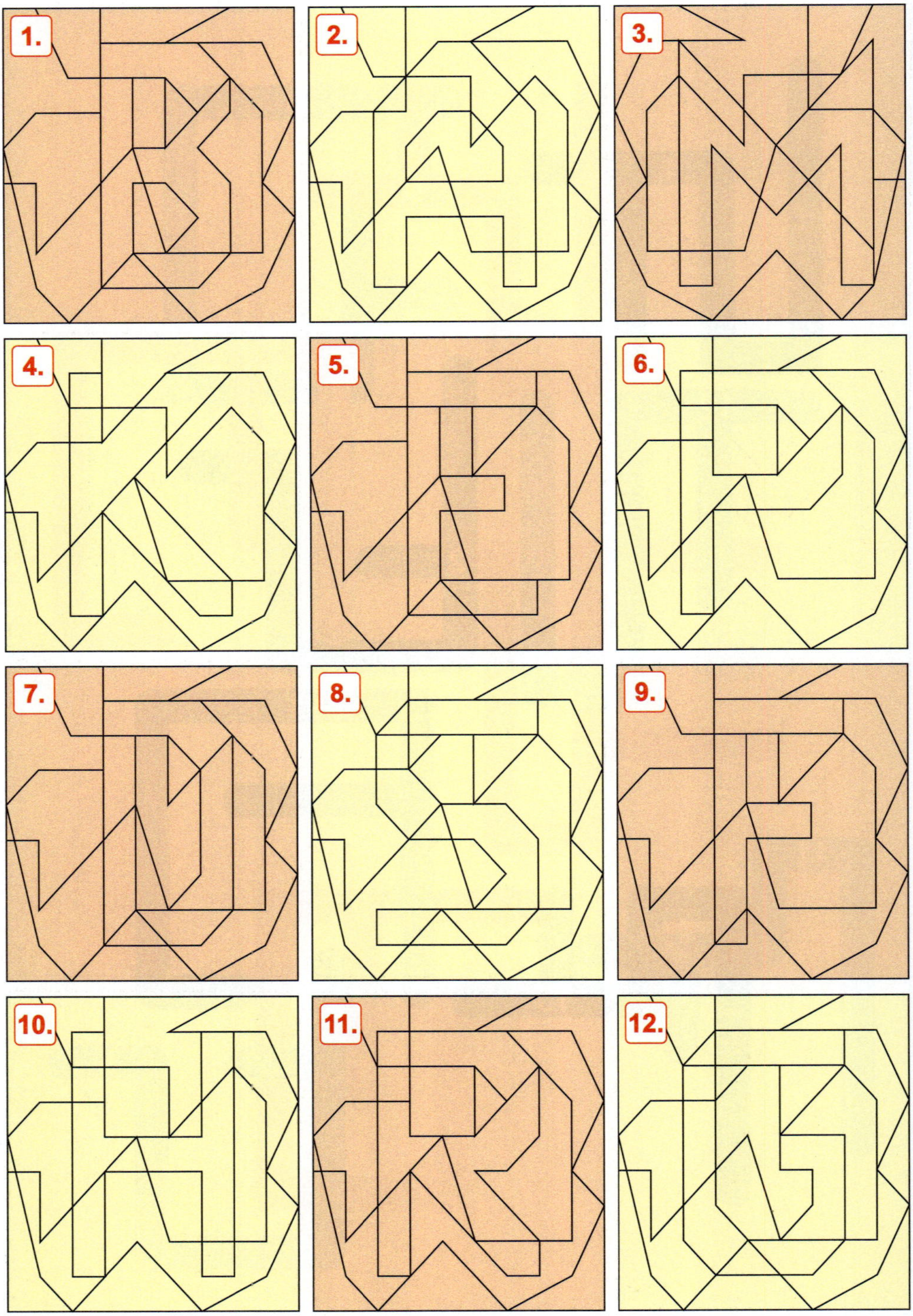

B

H 8	K 7	P 5
M 4	F 3	D 1
E 10	R 9	G 11
S 6	A 12	B 2

Die kleine Mandala-Werkstatt

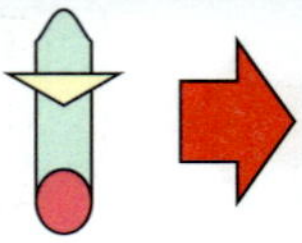

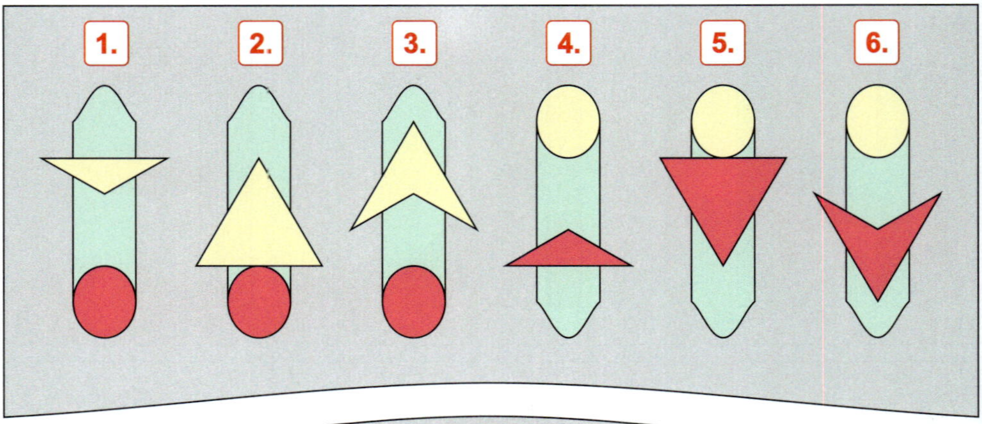

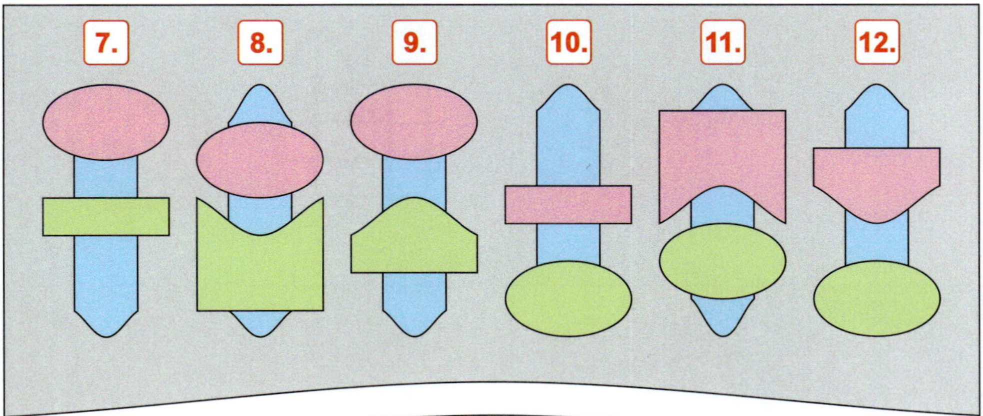
7.
8.
9.
10.
11.
12.

7
9
3
5
2
12

Welches Teil gehört in das Feld?

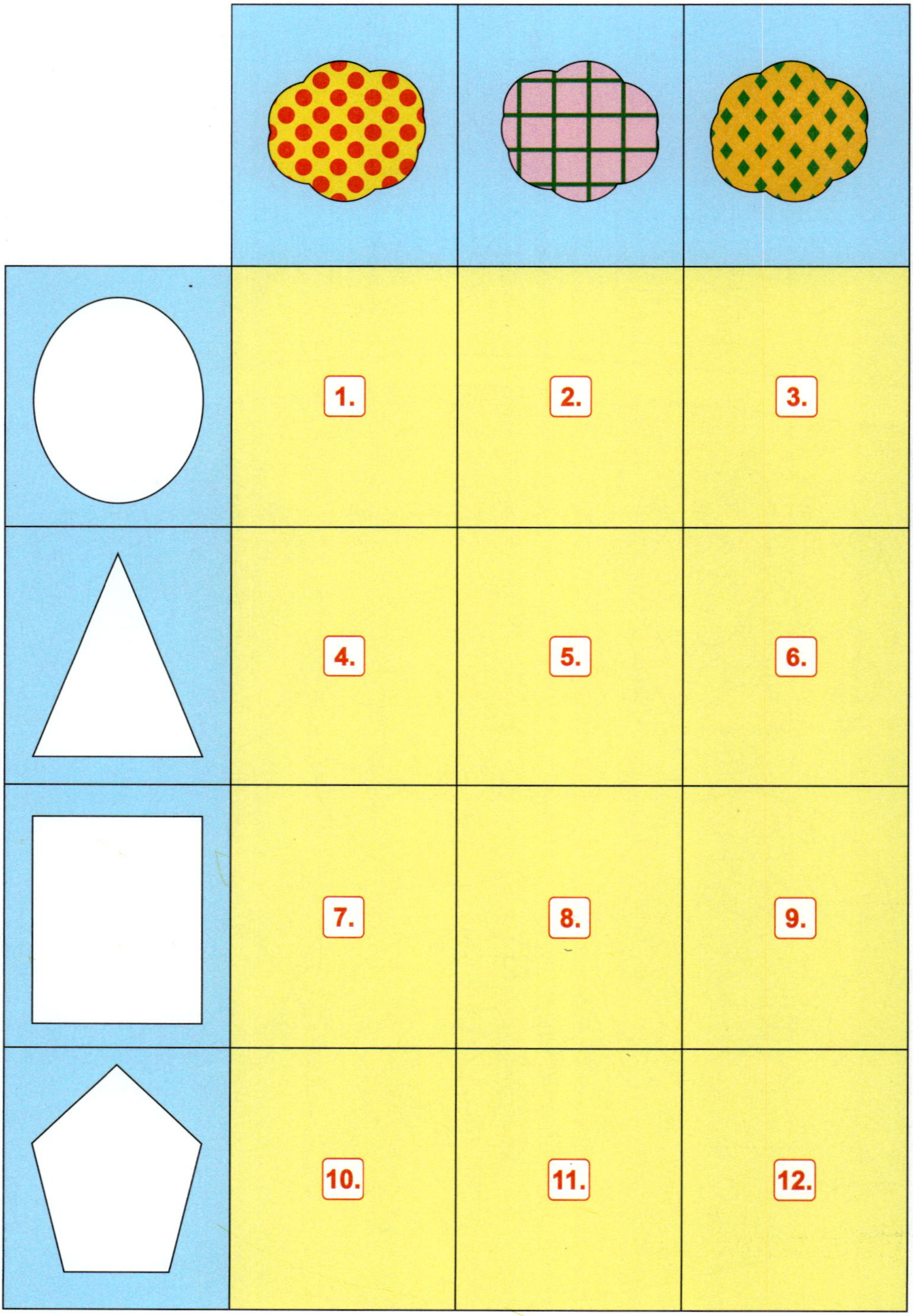

3

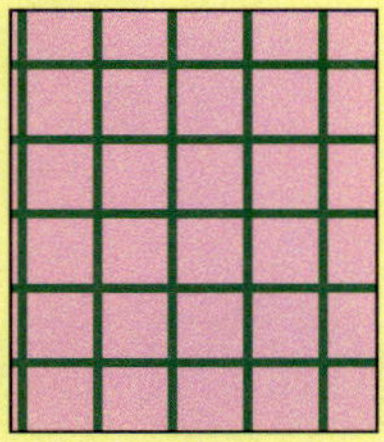

7

8

4

12

5

2

10

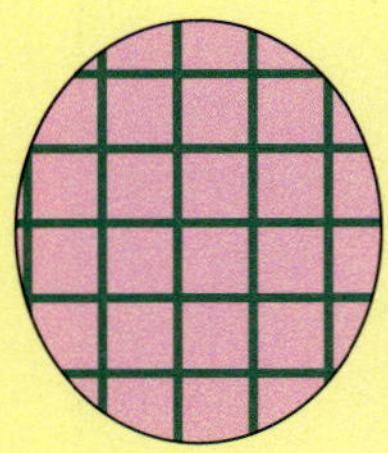

1

6

9

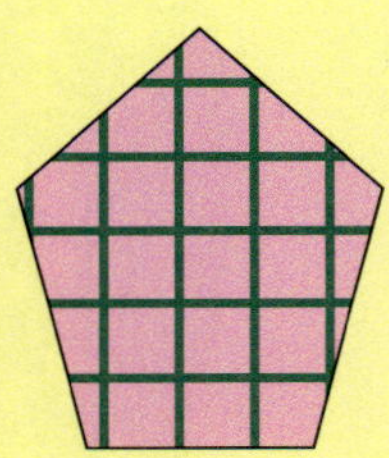

11

Puzzleteile

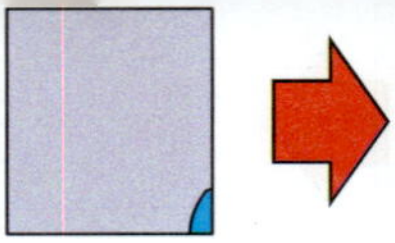

9
2
5
10
11
12
8
7
4
3
1
6

Welche Uhr zeigt die gleiche Zeit an?

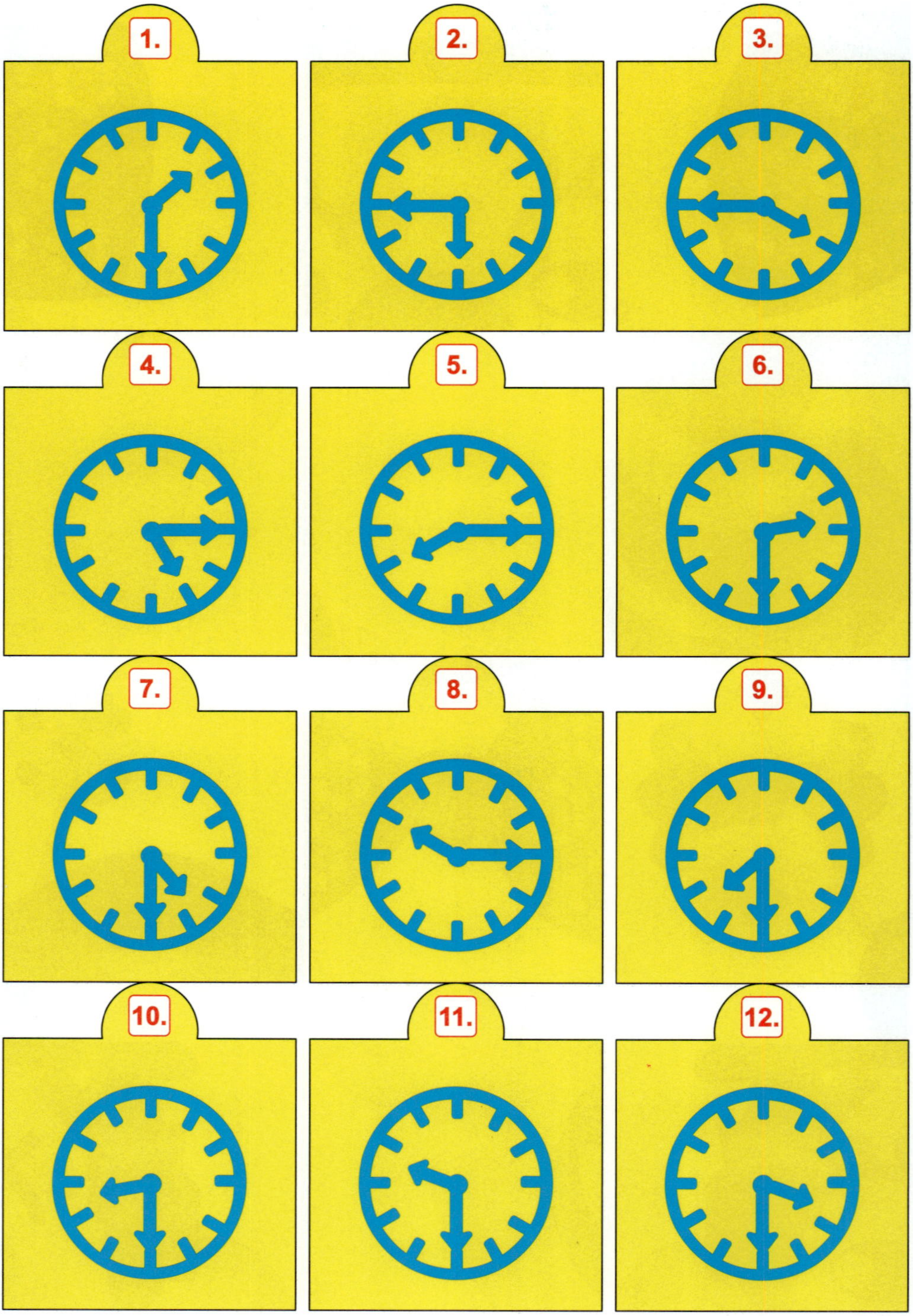

9

7

5

4

6

3

10

12

2

11

8

1

Farbentausch

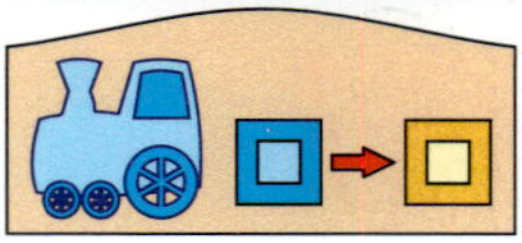

1.
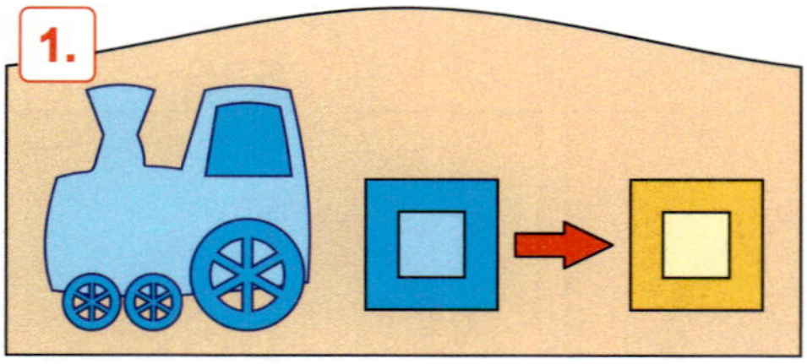

2.
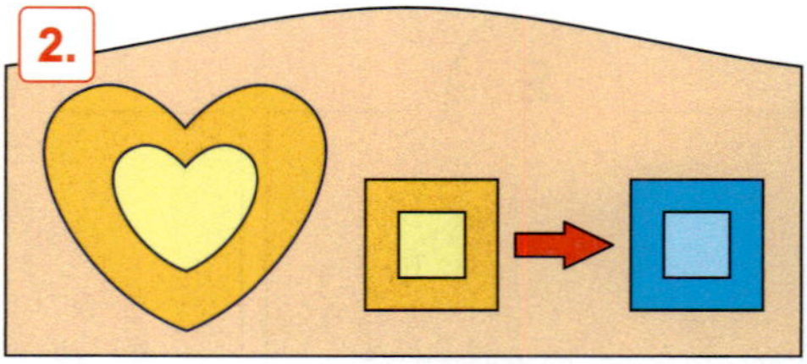

3.
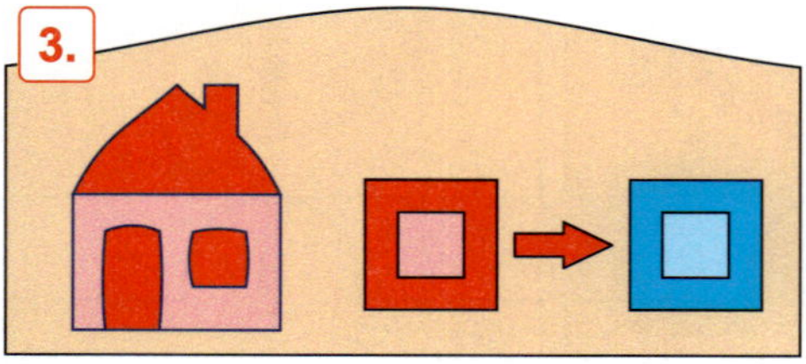

4.
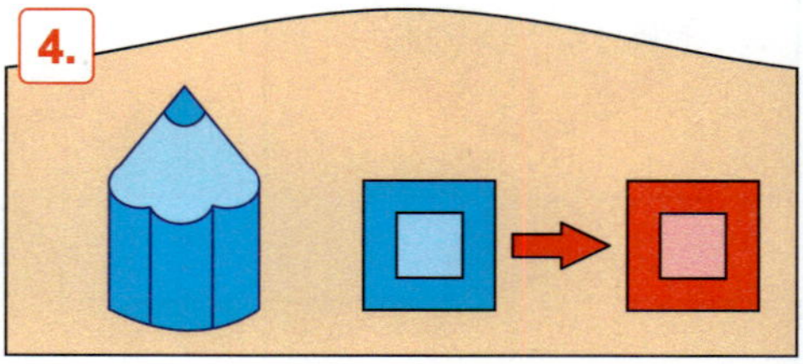

5.

6.
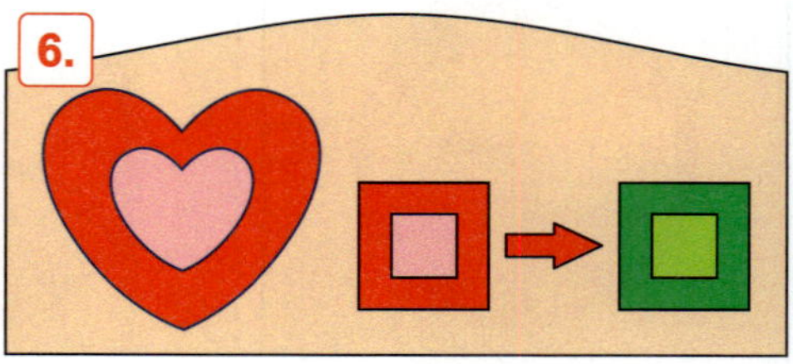

7.
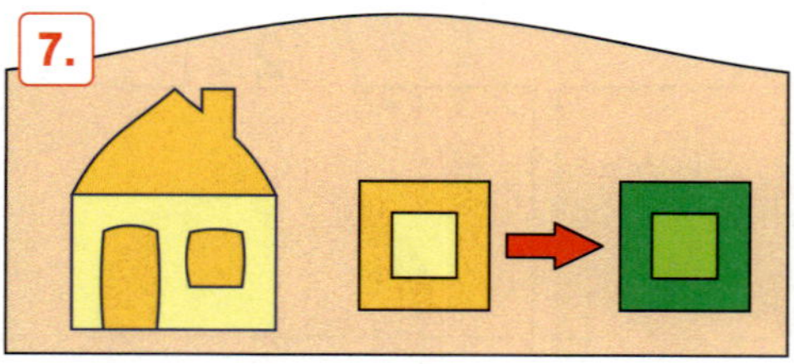

8.
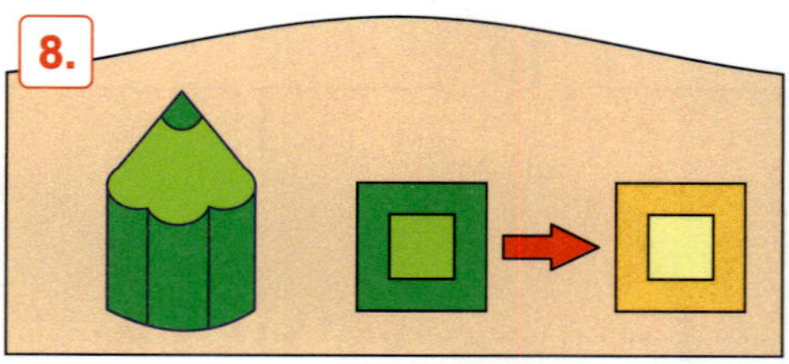

9.
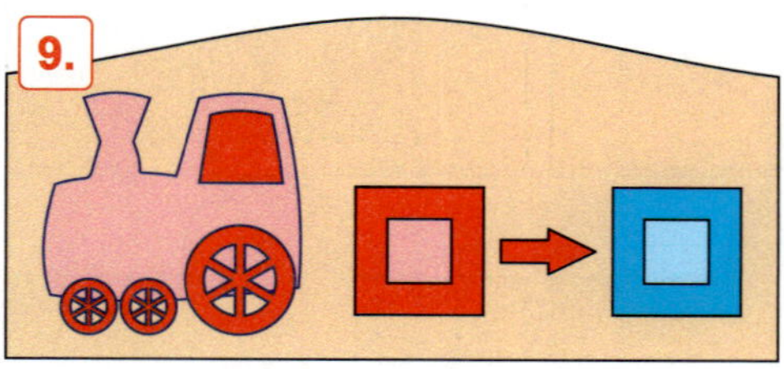

10.
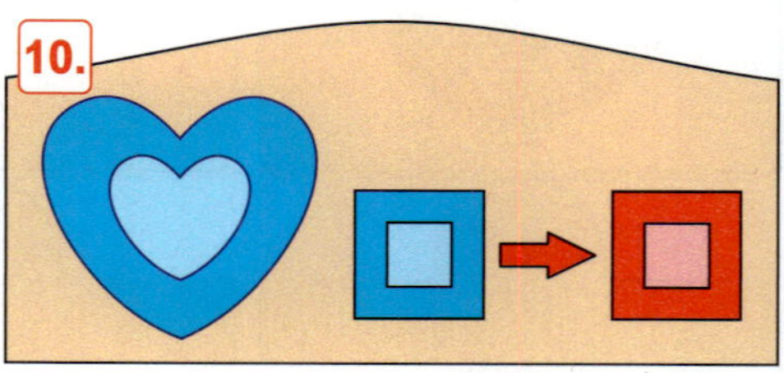

11.
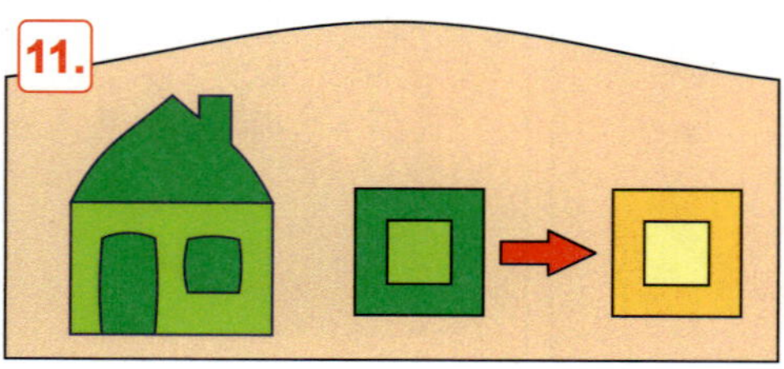

12.
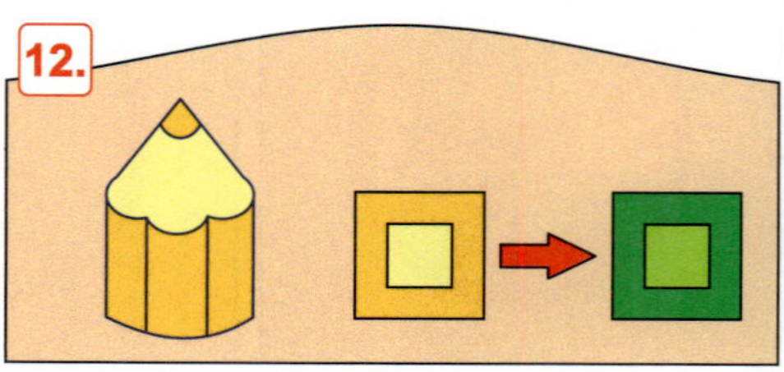

8

6

9

12

5

7

1

10

3

2

4

11

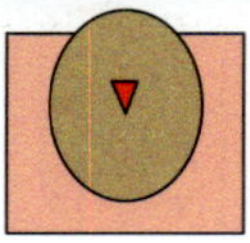

Suche das gleiche Bild!

1.
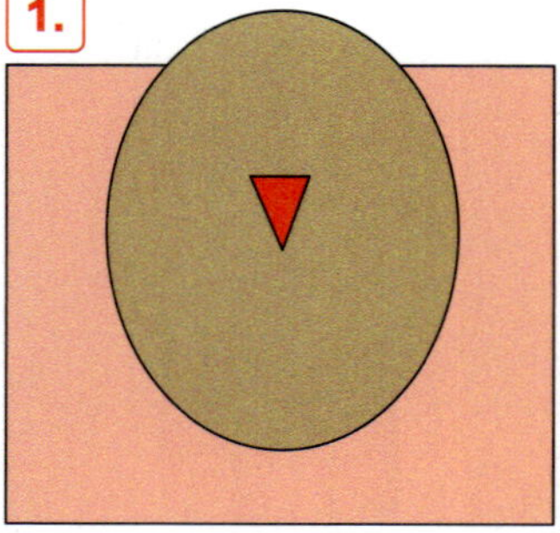

2.
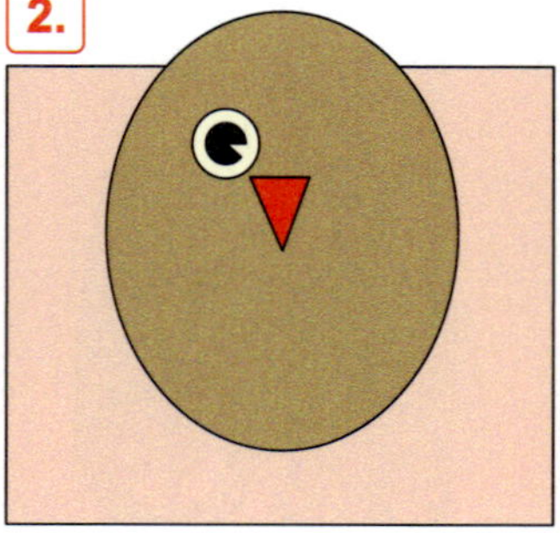

3.

4.

5.

6.

7.

8.

9.

10.

11.

12.

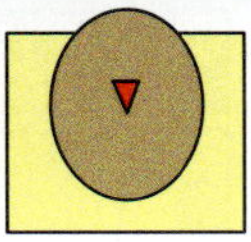

9
5
8
6
2
10
1
4
12
7
11
3

Setze richtig zusammen!

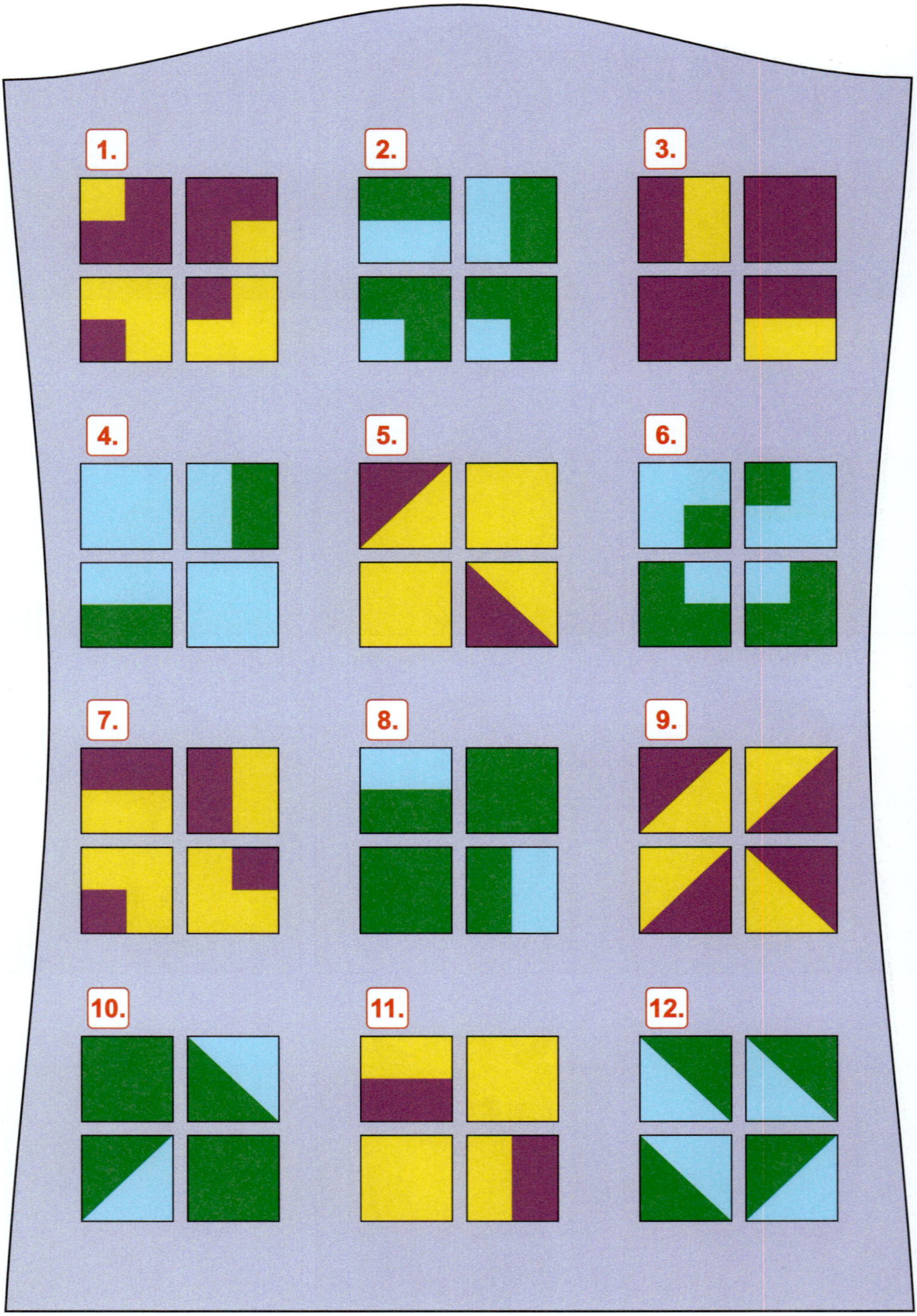

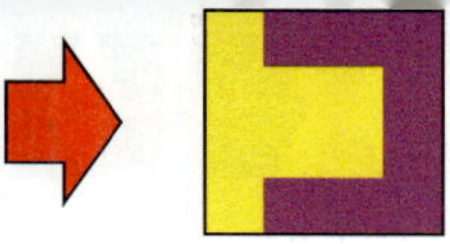

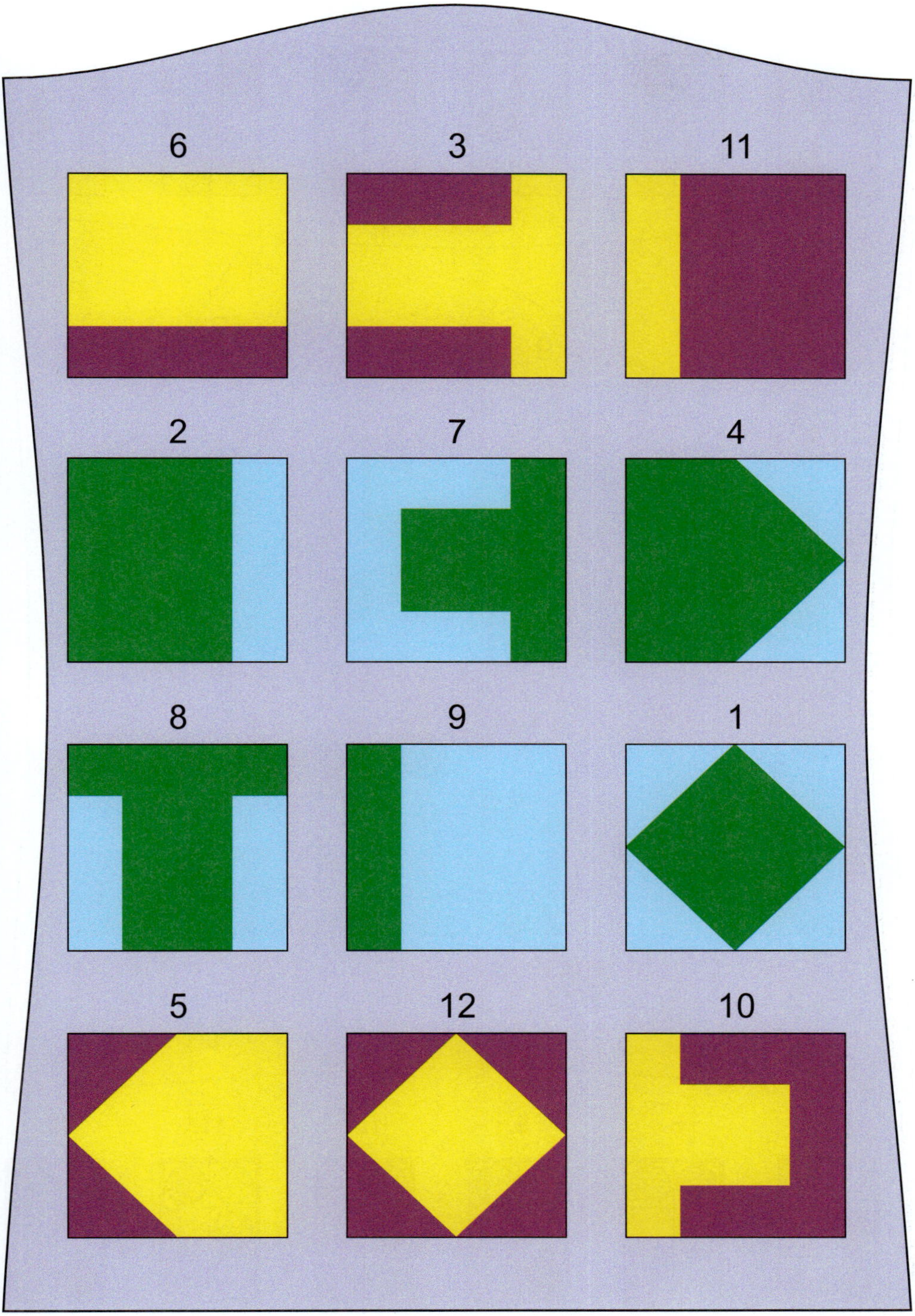
6
3
11
2
7
4
8
9
1
5
12
10

Gedrehte Bilder